# Pasa a la sala

Matilde Miles
ilustrado por Isabel Nadal

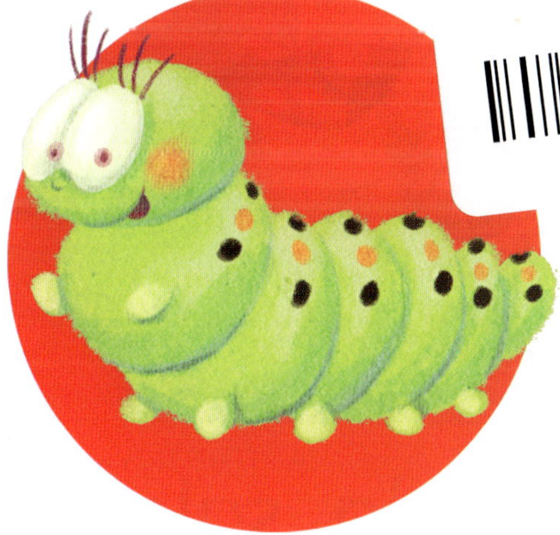

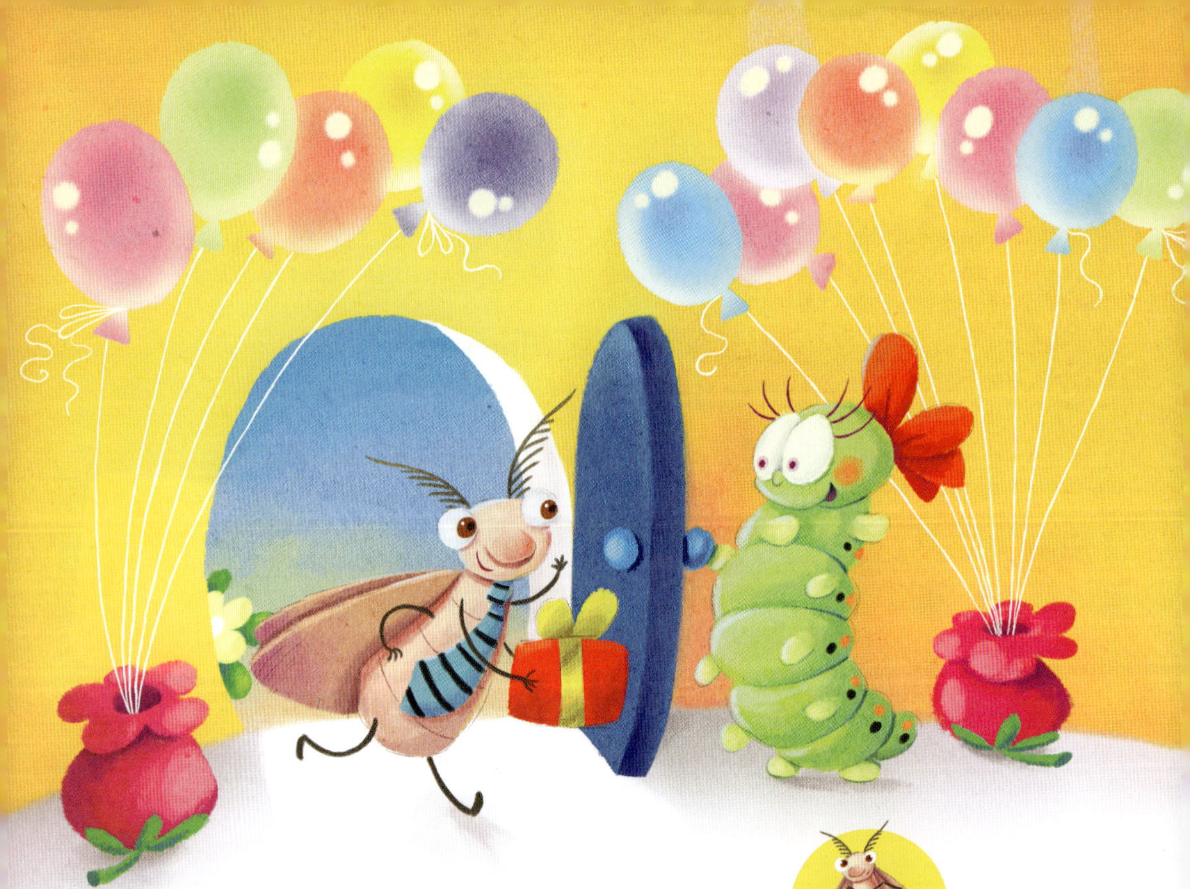

Pasa a la sala, 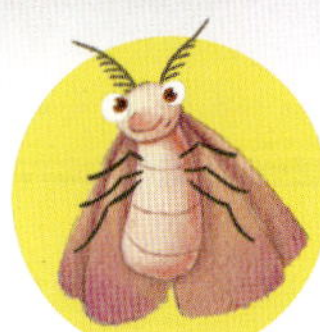 .

polilla

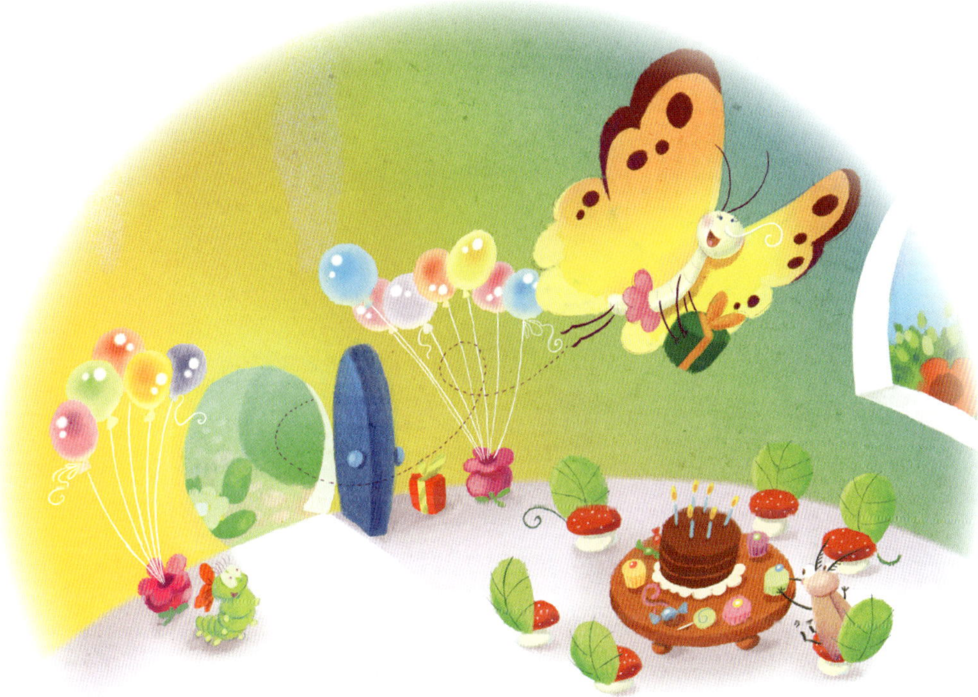

Pasa a la sala, 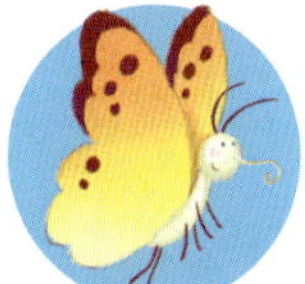 .
mariposa

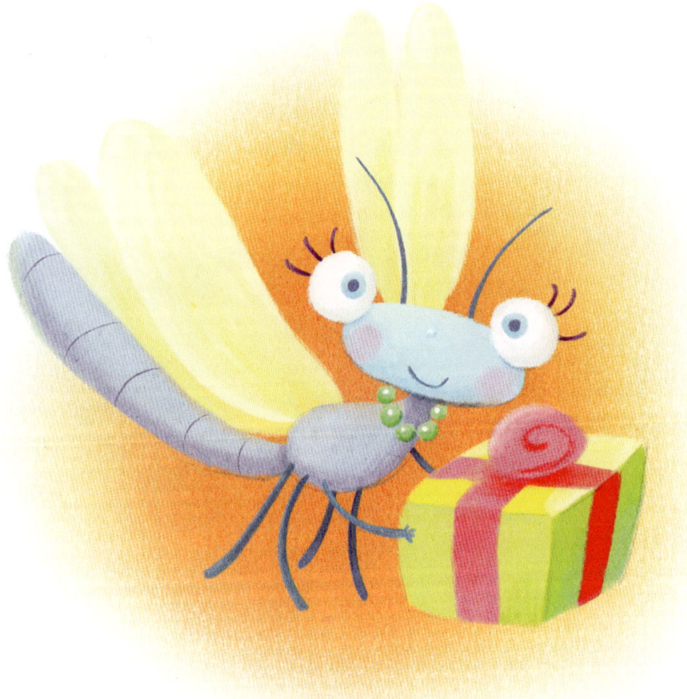

Pasa a la sala, 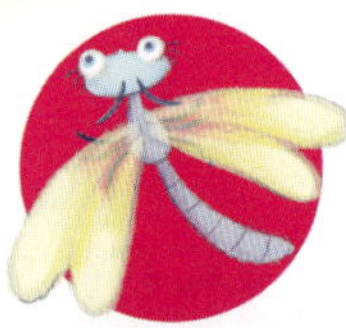 .

libélula

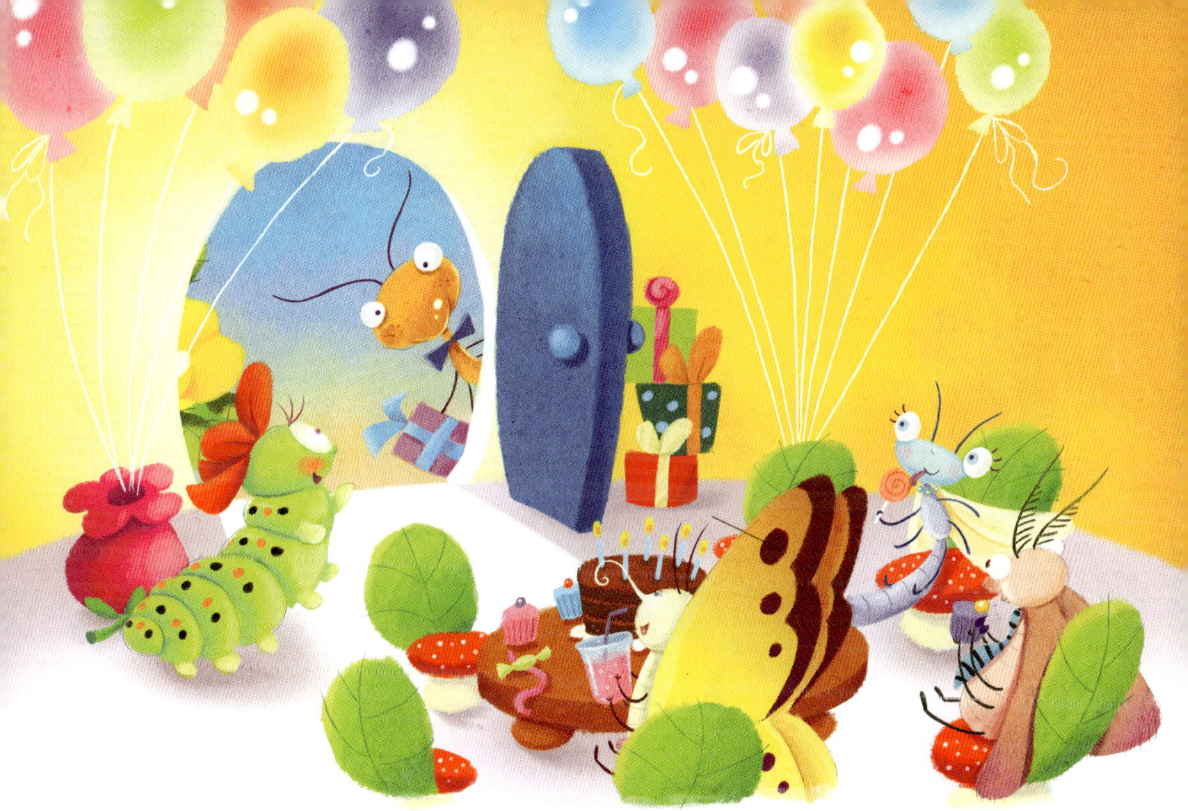

Pasa a la sala, 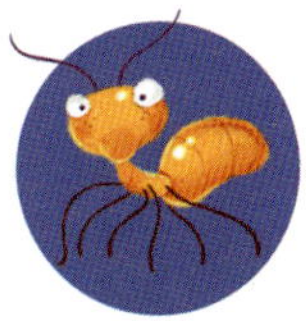 .

hormiga

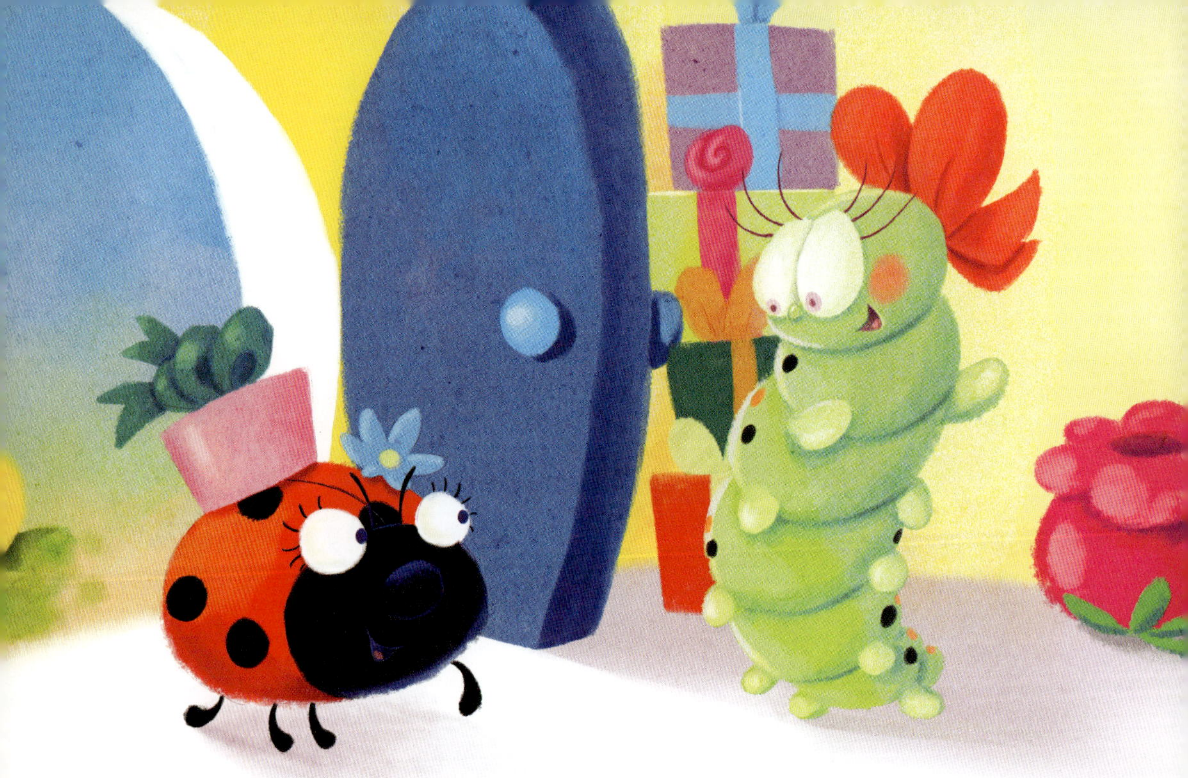

Pasa a la sala, 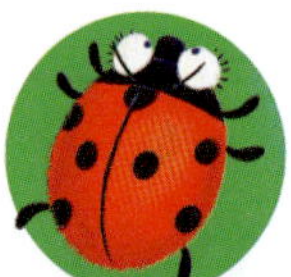 .

catarina

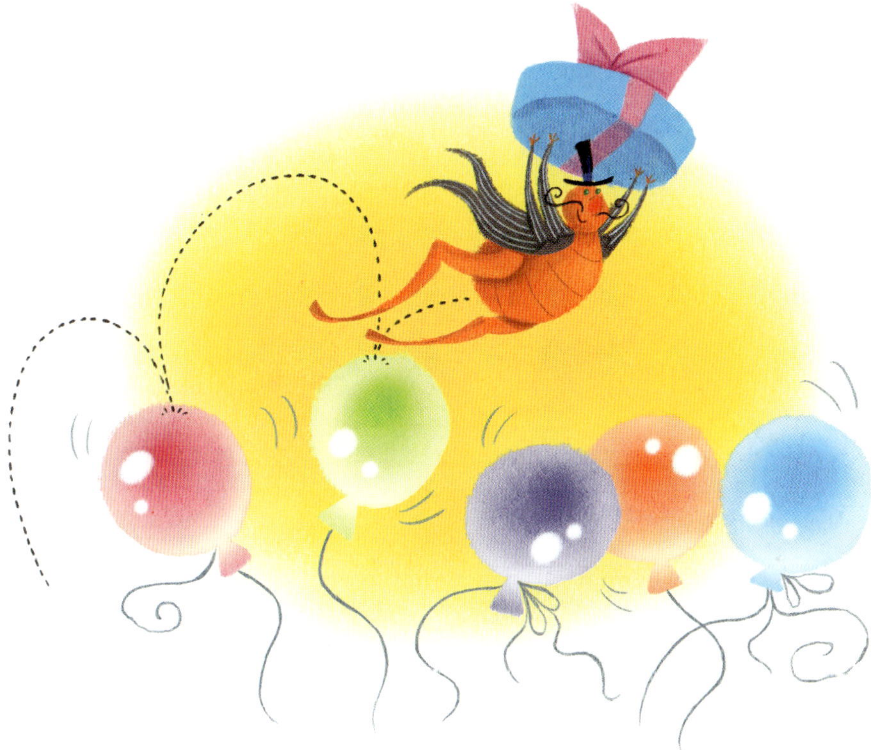

Pasa a la sala, 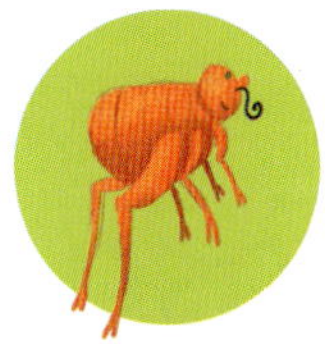 .

pulga

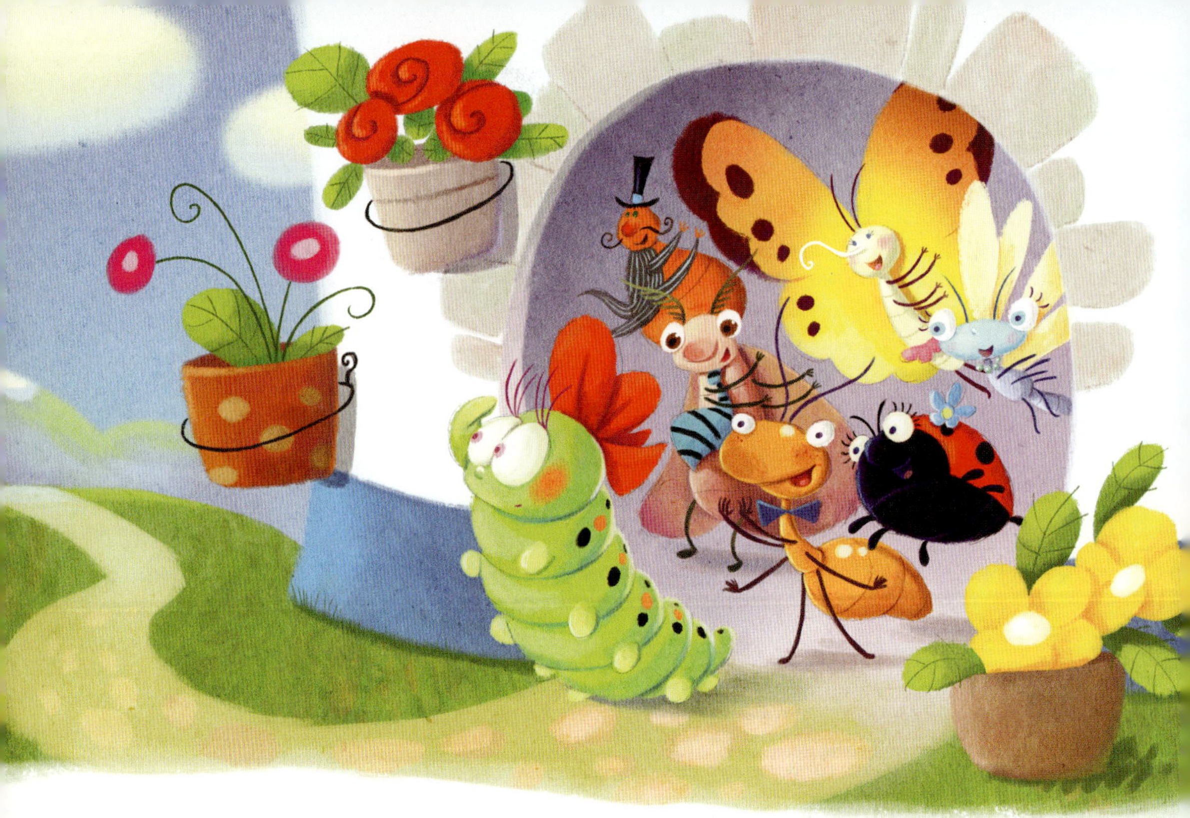

¡Pasa a la sala, 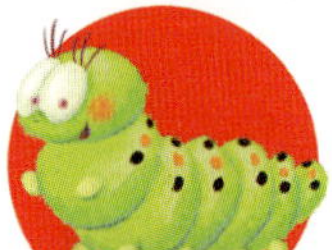 !

oruga